© Éditions du Seuil, 2002
Dépôt légal : mars 2002
Isbn : 978-2-02-053797-1
Loi 49-956 du 16 juillet 1949
sur les publications destinées à la jeunesse
Imprimé au Portugal

www.seuiljeunesse.com

Voici les Belle de Fontenay,
une famille de patates...

Martin, le papa

Martine, la maman

Marie, la fille   Mathieu, le fils

Les Belle de Fontenay habitent un lopin de terre qu'ils appellent : « NOTRE terre » ou « NOTRE pays ».

Mamadou, le fils   Mah, la fille

Les Patate Douce ont dû quitter la terre aride où ils sont nés, de l'autre côté de la mer, tout près du désert, pour venir s'installer au pays des Belle de Fontenay.

Comme d'autres patates, papa et maman Belle de Fontenay ont peur de ce qui vient d'ailleurs et qu'ils ne connaissent pas.

Depuis que la famille Patate Douce, venue de tout là-bas, habite à deux pas de chez eux, sur LEUR terre à eux, dans LEUR pays, ils se font beaucoup de soucis !

Marie Belle de Fontenay, elle, n'est pas de cet avis.
Elle a fait la connaissance de Mamadou Patate Douce
à l'école et elle est tombée amoureuse de lui.
Et ce qui est merveilleux, c'est que Mamadou
aussi aime Marie…

Mamadou invite souvent Marie chez lui le mercredi. Ensemble, ils s'amusent et dansent tout l'après-midi.

Papa et maman Patate Douce aussi
se font une fête de recevoir Marie.
C'est si bon d'avoir de nouveaux amis.

Papa et maman Belle de Fontenay sont, eux, trop occupés à pousser leurs vilains cris pour penser à leur fille chérie.

Avec une bande de voisins en furie, ils décident de chasser les Patate Douce du pays.

Mais qui voilà à la porte des Patate Douce ?
Mamadou, main dans la main avec Marie !

Mais Marie ne supporte pas ces propos rassis.

Papa et maman Belle de Fontenay sont tout ahuris.